BEATRIZ FERREIRA

# IMPULSIONANDO INOVAÇÃO
novos designs para a gestão pública

*A publicação desse livro é um trabalho coletivo. Sem a rede Novos Designs para a Gestão Pública e seus organizadores, ele nunca sairia do papel e ganharia o mundo.*

*Um agradecimento especial a Izabel Oliveira e Clarissa Biolchini que acreditaram no projeto antes dele existir e a Felipe Salazar, Isabel Valle, Jéssica Araujo e Thiago Dias por adotarem a ideia e caminharem comigo, dividindo as felicidades e dificuldades no processo de pensar uma nova gestão pública.*

## SUMÁRIO

**05 INTRODUÇÃO**

**09 SETOR PÚBLICO**
15 POLÍTICAS PÚBLICAS
18 GOVERNANÇA EM REDE

**25 DESIGN**
29 DESIGN THINKING
32 ÁREAS DE ATUAÇÃO DO DESIGN

**37 DESIGN NO SETOR PÚBLICO**
41 MUDANÇA DE PAPÉIS
47 LABORATÓRIOS DE INOVAÇÃO

**55 CONCLUSÃO**

**57 REFERÊNCIAS**

**63 AGRADECIMENTOS**

## INTRODUÇÃO

Mundialmente, os governos estão passando por uma fase de mudanças. As crises econômicas, sociais e políticas fizeram com que o contexto no qual os governantes costumavam atuar se transformasse drasticamente. A população também está cada vez mais diversificada e os seus problemas e necessidades são cada vez mais complexos e, algumas vezes, conflitantes. Nesse contexto, os métodos utilizados anteriormente pelo governo não são mais capazes de lidar com as questões públicas, e os governantes parecem ter perdido a noção de que deveriam governar pensando nos cidadãos e em quais são as necessidades desses cidadãos. É preciso colocar novamente as pessoas no centro das políticas públicas.

No contexto nacional, estamos passando pela mesma situação e por uma grande crise política. Muitas vezes, pode parecer que qualquer movimentação para melhorar e repensar as estruturas políticas do país é inútil, pois, com todos os mecanismos democráticos ruindo, fica difícil imaginar como é possível mudar esse cenário.

**Porém, acredito que é exatamente nesses momentos de crise que se percebem mais possibilidades de mudanças, já que se torna mais evidente que os processos não estão funcionando. Por isso, acredito que agora é um momento ideal para pensar e propor novas soluções para lidar com a situação que estamos vivendo.**

Como estudante de Design, gostaria de convocar meus colegas de profissão a se perguntarem como podemos melhorar a situação pública brasileira usando nossas expertises de designers? Como é possível inserir metodologias de Design no setor público? Como esse movimento pode auxiliar na transformação desse setor?

O momento atual exige que nós designers nos lembremos de que somos também seres políticos e podemos – e devemos – atuar para melhorar a sociedade em que vivemos.

Ao mesmo tempo, gostaria de convidar os servidores públicos, instituições de ensino e sociedade civil a também participarem dessa conversa e entenderem como os designers podem contribuir para o setor público. Nós designers não temos, e nem pretendemos ter, todas as soluções. Os problemas sociais são complexos e é preciso que trabalhemos em conjunto para tentar lidar com eles. Por isso, considero de extrema importância expandir essa conversa para outras áreas também. É importante que os designers parem de falar só para designers. Outras pessoas precisam se envolver com essa questão, para que elas também participem desse processo e também coloquem seus conhecimentos a serviço do setor público para gerar melhorias.

Atualmente, o setor público tem uma ideia muito limitada de como o Design pode contribuir para o setor e nós designers não sabemos como conversar com os servidores públicos. Então, antes de qualquer movimento de mudança, é preciso criar uma linguagem comum, para que as pessoas se entendam e seja possível discutir no mesmo nível como as metodologias de Design podem cooperar para uma transformação positiva no setor público e qual é essa mudança que queremos.

Este livro tem como objetivo iniciar a criação dessa linguagem; dar um panorama geral de como o setor público funciona; mostrar algumas características do Design; e como essas duas áreas podem trabalhar conjuntamente, trazendo também casos práticos de como isso já acontece no país.

Não estou na posição de escrever um guia de como o Design pode aprimorar o setor público, nem dar soluções finais do que funcionaria e como funcionaria. Na verdade, com este livro, pretendo levantar dados sobre esse contexto, o que se tem falado sobre o assunto ao redor do mundo e propor uma tradução para termos que ainda não têm equivalente em português, para que, com uma linguagem em comum, se possa debater o assunto, aprofundá-lo e continuar as pesquisas nessa área. Este livro foi construído para ser uma colaboração para que essa conversa possa acontecer; um ponto de partida para outros desdobramentos.

Muitas oportunidades são descartadas, pois só são vistos os impasses do contexto na qual elas aparecem. Por isso, considero de suma importância debater as possibilidades de atuação do Design no setor público no Brasil, ao mesmo tempo em que se analisam movimentos que já acontecem, mostrando que esse novo modo de lidar com o setor público é possível, tanto na teoria, como na prática. Acredito também que é a partir dos debates que se faz as ideias circularem, e isso pode acabar gerando movimentos de mudanças, abrir espaços para se pensarem novas formas de governar e de criar serviços públicos.

# SETOR PÚBLICO

O setor público enfrenta problemas mais complexos do que um dia se imaginou ser possível, como as mudanças climáticas, questões de sustentabilidade, grandes fluxos de imigração. As crises políticas, sociais, econômicas e as sociedades cada vez mais heterogêneas realmente colocaram em xeque as estruturas governamentais. A confiança dos cidadãos vem diminuindo diante de corrupção, falta de responsabilização dos governantes e pouca participação pública. A sociedade sente que os governos não mais a representa e que cada vez mais perdem a visão de quem são as pessoas às quais eles devem servir e para quem os serviços e as políticas públicas deveriam ser criados.

Além do mais, os problemas atuais não têm uma resposta única, e diferentes setores da sociedade têm uma opinião distinta – e muitas vezes conflituosa – de como lidar com situações. As soluções que diziam que "um tamanho serve para todos" não mais podem ser levadas em conta.

**Há também uma maior demanda por transparência, participação, serviços de alta qualidade. As pessoas devem e esperam mais das agências do governo hoje em dia; contudo, servir às pessoas de maneira mais holística continua sendo um desafio para os administradores públicos.[1]**

Além disso, as crises econômicas também fizeram com que medidas que visavam somente ao corte de custo não mais fossem suficientes para resolver a situação.[2]

Definitivamente, a sociedade e suas questões tornaram-se mais complexas, porém, parece que as estruturas e ferramentas do governo para lidar com esse novo mundo em que vivemos não se renovaram na mesma velocidade e talvez não mais sejam adequadas para abordar os problemas atuais. É preciso que mudanças sejam feitas, mas sem abandonar completamente o modelo tradicional, pois, como defende Manzini[3], esses modelos ainda funcionam quando o evento ou o problema com que se tem de lidar são repetições ou algo que já aconteceu antes. Contudo, é preciso ter abertura para inovações, mais espaços de colaboração entre os servidores públicos, setores privados e civis.

Entendem-se servidores públicos como pessoas contratadas para resolver problemas, os quais pareciam poder ser definidos, entendidos e para os quais poderiam ser propostas soluções que todos compreendiam e com as quais todos concordavam[4]. Por muitos anos, essa abordagem foi bem-sucedida – talvez por isso mesmo mantemos as mesmas práticas. Afinal, por que modificar algo que tem funcionado? As estruturas de governo, então, continuaram a reforçar modelos, em vez de procurar novos modelos que fossem mais adequados às nossas circunstâncias atuais.

**1.** MIETTINEN, S; VALTONEN, A. 2013
**2.** IDEO, 2016
**3.** MANZINI, E. 2015
**4.** RITTEL, H. W. J.; WEBBER, M. 1973

A grande setorização do governo, a falta de comunicação entre os setores, a sua hierarquia muito bem demarcada e as estruturas burocráticas tornam mais difícil a **INOVAÇÃO** e resolução dos problemas complexos na administração. Os administradores concentravam-se em orçar operações e tarefas e os empregados podem ser advogados, economistas, médicos, professores muito habilidosos, mas dificilmente terão sido treinados para desenvolverem uma habilidade criativa e de inovação[5].

Outro impedimento são as mudanças de diretrizes políticas a cada quatro anos, principalmente no caso do Brasil, que parecem apagar todos os progressos conquistados pelo governo anterior. A cada novo mandato temos de reconstruir todas as nossas estruturas políticas e recomeçar do zero. Essa dinâmica gera angústias, e faz parecer que até o menor dos problemas é impossível de ser resolvido.

**5.** CARTENSEN, H. V.; BASON, C. 2012
**6.** MURRAY, R.; CAULIER-GRICE, J.; MULGAN, G. 2018

Embora exista toda essa disputa política e mudanças constantes dos planejamentos e projetos, algo se mantém: a medida de

**INOVAÇÃO**

*Quando falamos de inovação em governo, é comum pensarmos na utilização de tecnologias digitais. A inovação digital também é muito importante, ajuda a melhorar os serviços públicos, visa democratizar a política e ajuda a tornar o governo mais transparente.*

*Apesar de ela estar envolvida nas inovações de que vamos falar e ter o papel importante de apoiá-las e impulsioná-las, na verdade, vamos tratar das inovações sociais e organizacionais.*

*O termo inovação social pode ser definido como novas ideias (produtos, serviços, e modelos) que simultaneamente atendem as necessidades sociais e criam novas relações sociais ou colaborações[6].*

*Contudo, atualmente no Brasil, existem muito poucos incentivos diretos à inovação no governo. Isso resulta em iniciativas isoladas, muitas vezes movidas por um indivíduo e sua força de vontade.*

*As iniciativas pessoais precisam ser amparadas por um ambiente propício para a inovação e serem valorizadas. A inovação no setor público tem de ser abordada como uma estratégia, um sistema.*

*O termo* **VALOR PÚBLICO** *foi originalmente criado pelo professor Mark H. Moore e descreve o valor com que uma organização contribui para a sociedade. Atualmente tem um significado mais amplo, de como organizações contribuem para o bem comum.*

sucesso de um governo sempre será sua habilidade em impactar positivamente a vida das pessoas[7] e gerar **VALOR PÚBLICO**. O desenvolvimento de serviços não é uma opção, mas um encargo[8] – diferente do setor privado, que pode escolher o seu público-alvo –, os serviços públicos afetam milhares de pessoas.

As crises que atingiram o setor público também trouxeram pontos positivos. O setor começou a constatar que era urgente uma reestruturação, e, influenciado pelos novos modelos econômicos e políticos, a inovação começou a ser tema das discussões públicas, embora pouquíssimos governos apresentem atualmente um orçamento ou um time especializado para essa área[9].

Nesse reposicionamento, o governo muda sua perspectiva e, ao invés de se apresentar como um conjunto de especialistas que provêm serviços, que sabem o que é melhor, sabem o que as pessoas querem, assume um papel de facilitador[10], moderador, multiplicador e articulador de rede. Além de, é claro, abrir espaço para os diferentes atores do sistema colaborarem nas mesmas questões e terem uma visão sistêmica da situação.

**7.** JUNGINGER, S. 2017
**8.** MIETTINEN, S; VALTONEN, A. 2013
**9.** MULGAN, G. 2007
**10.** DRIBBISCH, K. 2017

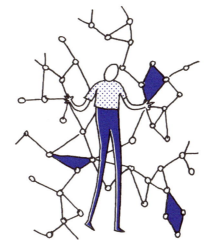

Isso permitirá que o setor público comece a se preocupar mais em abordar as nossas verdadeiras necessidades.

Outra mudança importante é que os testes de eficiência, que já foram o mecanismo mais confiável para definir sucesso, estão começando a ser repensados, desafiados pela crescente consciência do pluralismo da sociedade e dos diferentes valores que cada grupo tem[11].

Para realizar essas mudanças, começaram a procurar novas metodologias que auxiliassem o avanço das inovações públicas e sociais e que gerassem soluções criativas que estão além do alcance das estruturas e métodos convencionais[12].

**11.** RITTEL, H. W. J.; WEBBER, M. 1973
**12.** MULGAN, G. 2017

## POLÍTICAS PÚBLICAS

Um dos mecanismos do Estado para governar são as políticas públicas. Elas estão diretamente relacionadas com o planejamento do setor público, sendo que, então, para entender a máquina do governo e interferir nela, é importante também entender o que são as políticas públicas e como elas são postas em prática.

Bourn[13] define políticas públicas como a tradução das prioridades políticas e princípios de governo para programas e cursos de ação, para promover mudanças desejadas. Normalmente, os processos políticos são complexos e raramente lineares e lógicos, o que demanda dos políticos que eles sejam estratégicos, sistemáticos e flexíveis[14].

De acordo com Daniel Andrade[15], políticas públicas são conjuntos de programas, ações e decisões tomadas tanto pelos governos federais, quanto pelos estaduais e municipais, com a participação direta ou indireta de entes públicos ou privados. Elas abrangem áreas como educação, saúde, segurança, mobilidade, meio ambiente, gestão pública e podem ser operacionalizadas por meio de leis, campanhas, prêmios, obras, multas, taxas e impostos.

13. BOURN, J. 2001
14. YOUNG, J.; MENDIZABAL, E. 2009
15. ANDRADE, D. 2016

É de suma importância entender que as políticas públicas podem ser divididas em duas categorias, como explica Andrade: políticas de Estado e políticas de Governo.

**As políticas de Estado são aquelas que não dependem do governo e do governante vigentes. Elas devem ser realizadas porque são amparadas pela Constituição, ou seja, uma política orientada por ideias que vão além de governos e que se mantêm durante gerações.**

Já as políticas de Governo são normalmente diretrizes de um curto período de tempo e estão muitas vezes ligadas com um momento especifico que o país está vivendo ou com a agenda política das pessoas no poder naquele momento.

Idealmente, os legisladores deveriam se concentrar mais exclusivamente nas políticas de Estado e no planejamento de um futuro. Contudo, não é isso que vemos de forma majoritária no setor público, o que gera estruturas frágeis, pois, a cada quatro anos, tudo muda, causa disrupção e dificulta a continuidade de projetos e de estruturas.

No livro *Transforming Public Services by Design*[16], Junginger explica que o lado analítico das políticas públicas é bem desenvolvido – o problema se encontra na parte sintética e criativa. Ela cita Harris, que diz que a invenção de novos instrumentos para políticas e a criação de relações entre instrumentos para produzir políticas desejáveis são feitas por meio da criatividade e das atividades de imaginação.

Um outro problema nas políticas públicas é a transposição de intenções de políticas públicas para resultados. Não é uma jornada sem obstáculos: ela envolve pessoas e serviços, tanto quanto políticos e organizações[16]. Muitas vezes, as intenções iniciais das políticas públicas não são alcançadas pela implementação da mesma. Para entender melhor como esse sistema funciona iremos explorar o CICLO DAS POLÍTICAS PÚBLICAS.

*O CICLO DA POLÍTICAS PÚBLICAS é uma forma de demostrar o processo de elaboração pela qual uma questão pública tem de passar até se tornar uma política pública.*

O ciclo das políticas públicas pode ser dividido em sete etapas, baseado em Secchi[17]: identificação do problema público; compreensão das necessidades da política; formulação de alternativas; tomada de decisão; implementação da política pública; avaliação; e extinção.

De acordo com Secchi, o processo de elaboração ocorre da seguinte maneira: durante a fase de identificação do problema público, percebem-se os problemas existentes. Essa percepção é subjetiva e ganha atenção quando afeta diversos setores. Para entrar na agenda, o problema tem que ser considerado relevante e necessitar de solução imediata. A partir daí, se avalia o custo-benefício, a urgência, entre outros.

16. JUNGINGER, S. 2017
17. SECCHI, L. 2011

Levantam-se, então, os objetivos dessa política pública e as estratégias para viabilizá-la, além de se estudarem suas consequências para a sociedade, para gerar alternativas. No momento de tomada de decisão, equacionam-se os interesses dos atores e define-se o curso de ações que serão adotadas para a implementação e os recursos que serão necessários.

Já na fase de avaliação, analisa-se se a política pública foi realmente eficaz no que ela se propunha a resolver, de acordo com os recursos investidos e seus resultados. Algumas vezes, a política pública é extinta, ou porque ela resolveu o problema, ou é percebida como ineficaz; ou, então, apesar de o problema não ter sido resolvido, essa política pública não é mais uma prioridade do governo e, por isso, não é mais do seu interesse mantê-la.

Uma etapa que também é importante adicionar a esse esquema é o monitoramento, tanto dos administradores públicos, quanto da própria sociedade civil, para avaliar se os recursos empregados na política pública estão realmente sendo usados para a sua implementação e verificar se ela realmente está sendo cumprida.

## GOVERNANÇA EM REDE

Observando as características dominantes do atual setor público, identificamos que há uma necessidade de modificar essa estrutura para que haja mais abertura para inovação e espaços nos quais civis, servidores públicos e organizações privadas possam trabalhar em equipe.

**18.** RITTEL, H. W. J.; WEBBER, M. 1973

Neste tópico, iremos, então, analisar o que precisa ser modificado e quais são as tendências mundiais para o novo setor público.

*Os ambientes externos das organizações, grupos ou sistemas atualmente afetam o funcionamento interno das mesmas e vice-versa. Por esse motivo, eles são considerados* **SISTEMAS ABERTOS** *e precisam ser mais flexíveis e atentos às mudanças externas para responder a elas.*

Rittel e Webber[18] afirmaram em 1973 que começávamos a pensar o planejamento de modos diferentes. A grande mudança foi que começamos a nos perguntar se estávamos fazendo o certo, a fazer perguntas sobre os resultados das ações. Entendemos também que os **SISTEMAS ABERTOS** estão ligados pelos processos sociais em rede de sistemas interconectados, ou seja, o resultado de um sistema é o que alimenta o outro.

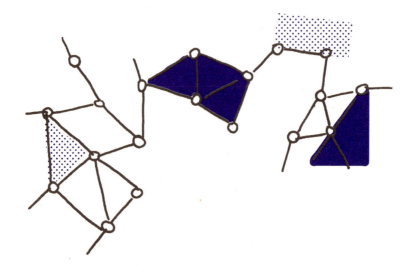

Já nessa época, observava-se uma mudança no tipo de estruturação de sociedade, que demandava uma nova abordagem dos problemas. Se imaginarmos, desde então, o quanto as sociedades tornaram-se exponencialmente mais complexas e como muito pouco, ou quase nada, mudou no modo como lidamos com as questões no setor público, faz-se mais que evidente a necessidade de uma reestruturação dos modelos de governança.

Os problemas sociais estão cada vez mais complexos, eles transpassam as barreiras de conhecimento. Isto faz com que apenas um indivíduo ou setor não seja capaz de entendê-los por completo e, consequentemente, não consiga abordá-los. Torna-se, então, necessário juntar esforços e cooperar entre grupos, para assim ser possível pensar melhorias e possíveis soluções para essas questões. É nesse cenário que a COCRIAÇÃO entra.

**19.** MANZINI, E. 2015

---

COCRIAÇÃO

*Cocriação refere-se a qualquer ato de criatividade coletiva, ou seja, entre duas ou mais pessoas. No contexto do setor público, a cocriação é o ato de diversos setores diretamente afetados pelo assunto trabalharem em conjunto. Esses setores podem tanto ser grupos dentro do setor público, quanto organizações de fora dele ou até mesmo os próprios cidadãos. Cada parte desse conjunto apresenta uma visão específica do assunto e esse conhecimento, quando compartilhado, contribui para criar uma visão mais holística da questão.*

*A cocriação pode ser muito útil para que os funcionários públicos sejam confrontados pelas situações da vida real e pelas experiências dos cidadãos. Muitas vezes, quando ocorre esse encontro, é comum que os servidores públicos fiquem surpresos como o resultado do seu trabalho é percebido pelos usuários finais.*

*Na cocriação, os cidadãos tornam-se sujeitos ativos, capazes de agir também para o seu próprio bem-estar. Eles não mais são vistos como pessoas cujas necessidades precisam ser supridas por outras pessoas ou produtos*[19].

Dentro do setor público, contudo, observa-se que ainda existe uma grande separação entre os departamentos e entre as escalas de governo. A maioria dos servidores públicos estão fechados nas suas repartições e nem mesmo sabem em que a repartição do lado está trabalhando. Tal modo de se organizar dificulta, se é que não impossibilita, uma colaboração entre os ministérios, por exemplo.

O crescente descontentamento dos cidadãos com o governo, causado, em grande parte, por eles não se sentirem representados pelos políticos e almejarem uma maior participação pública, é outro fator que torna a cocriação um tema de interesse para o setor público. Através dela, o governo pode recuperar a sua credibilidade e fazer com que as pessoas se sintam parte da solução também.

**Não adianta lutar contra a complexidade da sociedade atual, ela está se tornando cada vez mais heterogênea, com diferentes demandas, e os problemas gerados por essa dinâmica, por sua vez, não apresentam uma única resposta de como resolvê-los; os desafios são gigantes e, por isso, o novo governo tem de considerar essa complexidade e turbulência.**

O novo modelo de setor público terá de ser menos burocrático, mais fluido e, por isso, definido de maneira mais genérica, se comparado com o modelo anterior. Ele precisará ser flexível, descongelar as estruturas existentes, para incluir novas dinâmicas, parceiros e relações. Talvez por essas características não tão estruturadas, para esse modelo emergente de governança, só possam ser prescritas diretrizes[20].

Ao que parece, o governo terá de passar por uma mudança sistêmica, abandonar sua estrutura vertical e hierárquica e construir uma na qual o poder esteja distribuído. Ele não mais será somente um provedor de serviços, mas uma agência capaz de dar suporte, incentivar e orientar a participação colaborativa de pessoas; organizar recursos, muitas vezes pertencentes a outros órgãos da sociedade, para produzir um valor público. O foco do setor público também deve mudar e

**20.** GOLDSMITH, S.; EGGERS, W.D. 2004

deve estar centrado na perspectiva do cidadão: isso possibilitará que os problemas públicos sejam também problemas dos cidadãos e não só de secretarias ou ministérios.

A mudança do sistema fará necessária uma mudança também do comportamento das pessoas que fazem parte dessa estrutura. Os administradores públicos, por exemplo, terão que se voltar para uma estrutura de governo mais flexível e menos estruturada.

Enquanto a administração for vista como uma atividade de controlar e monitorar, só se utilizará de metodologias que evitem qualquer tipo de surpresa, ou seja, que não permitem resultados inovadores. É preciso que os administradores desse novo governo apoiem as abordagens emergentes e mais experimentais. Eles encorajarão que se explorem incertezas, complexidades, ambiguidades, tensões, para chegarem a resultados inovadores[21].

É necessário também que a população civil – chamada para criar juntamente com o governo – seja diversificada tanto quanto a sociedade que ela pretende representar. Para tal, além das pessoas que sempre tiveram acesso às estruturas governamentais, as demais devem – uma vez convidadas – se sentir parte da criação desse novo modelo de governo.

*O termo* **REDE** *pode ser usado de diferentes formas, mas aqui ele se refere a iniciativas tomadas deliberadamente pelo governo para realizar objetivos públicos, designar responsabilidade para cada parceiro e estruturar o fluxo de informação[23].*

Uma das tendências mais fortes desse novo modelo de governo é a **GOVERNANÇA EM REDE** (*network governance*). Esse movimento demanda menos controle e mais concordâncias. A diferença desse modelo, e de modelos similares, é que os civis são vistos como sujeitos ativos e colaborativos. O espaço público então se torna um espaço de ação para vários atores: indivíduos, comunidades, estados, empresas privadas; de diversas escalas: regional, nacional e internacional, interagirem e, desejavelmente, colaborarem[22].

**21.** JUNGINGER, S. 2017
**22.** MANZINI, E. 2015
**23.** GOLDSMITH, S.; EGGERS, W.D. 2004

*Para que diversos atores se juntem com uma mesma meta e objetivos comuns é necessário que eles tenham uma* **VISÃO COMPARTILHADA** *traduzida em um valor compartilhado, que se sobreponha aos pensamentos individuais e possibilitem o trabalho coletivo e a integração dos participantes da rede.*

Esses diversos participantes se juntam para produzir o maior valor público possível, maior do que seria possível com a soma do que cada setor poderia separadamente atingir[24].

Para que isso funcione, é necessária a criação de uma **VISÃO COMPARTILHADA**. Isso permite que os diversos participantes tenham um alinhamento estratégico na rede e que cada ator consiga reconhecer seu papel individual, para assim alcançar um objetivo comum. Essa dinâmica visa aumentar a capacidade da rede de lidar com os problemas mais complexos da atualidade e com os que podem surgir no futuro e, assim, melhorar a efetividade do modelo de abordagem da governança em rede[25].

De acordo com Goldsmith e Eggers[25], a governança em rede representa a confluência de quatro tendências que modificaram o formato do setor público ao redor do mundo. Elas são:

**GOVERNO TERCEIRIZADO** (*third-party government*): o aumento do uso de firmas privadas e organizações sem fins lucrativos, em vez de funcionários do governo, para fornecer serviços e alcançar objetivos políticos.

**GOVERNO EM CONJUNTO** (*joined-up government*): diversas agências governamentais – em diversos níveis governamentais – tendem a cada vez mais se juntar para promover um sistema integrado.

**REVOLUÇÃO DIGITAL** (*digital revolution*): os avanços tecnológicos recentes que possibilitaram que organizações colaborem em tempo real com parceiros externos em modos anteriormente não possíveis.

**DEMANDA DO CONSUMIDOR** (*consumer demand*): aumento das demandas dos cidadãos por mais controle sobre as

[24]. HUPPÉ, G.; CREECH, H.; KNOBLAUCH, D. 2012
[25]. GOLDSMITH, S.; EGGERS, W.D. 2004

próprias vidas e mais escolhas e variedade nos serviços governamentais, para igualar o fornecimento tecnológico de serviços do setor privado.

A governança em rede sintetiza essas quatro tendências. Do governo terceirizado, aproveita a característica do alto nível de colaboração; do governo em conjunto, a capacidade de gerenciamento de rede; a revolução digital oferece as tecnologias para conectar essa rede; e assim se atende a demanda do consumidor, dando mais opções de entrega de serviços.

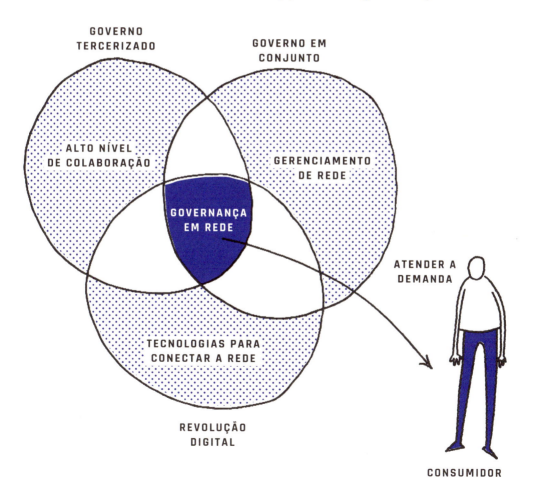

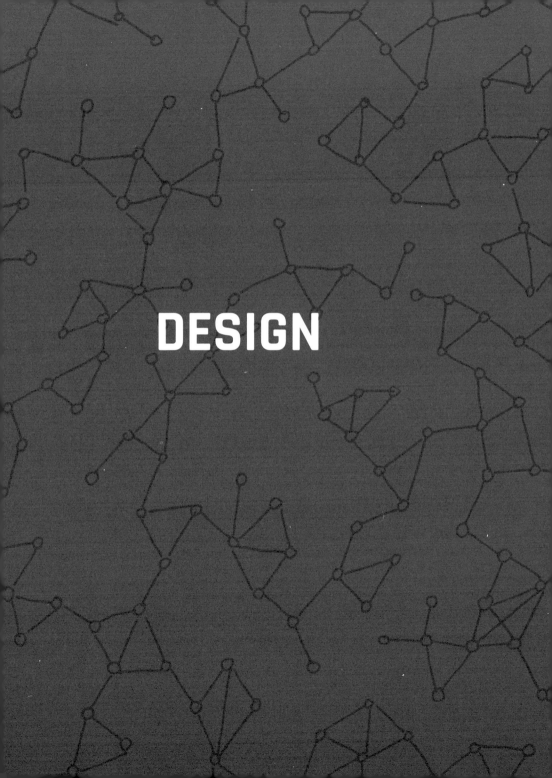
# DESIGN

Quando se fala de Design, na maioria das vezes, o que vem à cabeça das pessoas é o design gráfico ou de produto, porém o termo design abrange uma diversidade de conceitos, métodos e pode ser aplicado em áreas muito mais vastas do que as citadas acima. Há quem defenda que não existe uma área da vida contemporânea na qual o Design não possa ser um fator significante para dar forma às experiências[25].

Em teoria, o Design pode ser aplicado em qualquer área da vida humana e vemos na última década uma expansão da sua atuação, impulsionada pelo livro *Change by Design*, do Tim Brown que introduziu o conceito de *Design Thinking*. Isso chamou a atenção de líderes de negócios, educadores, governantes e fez com que o espectro do que é considerado tradicionalmente área de atuação do Design se expandisse.

Essa expansão ocorreu, também, pois os problemas que o Design enfrenta são, em tese, universais no seu escopo, e é por meio do processo para chegar a uma solução que o designer identifica uma questão específica de um determinado contexto[25].

Sendo o Design tão abrangente, quais são as características comuns que fazem com que todos esses diferentes usos das suas metodologias e ferramentas sejam caracterizados pelo mesmo termo? Neste livro, usaremos o termo design como um conjunto de abordagens e métodos para criar uma mudança social[27].

Um autor que se alinha à definição anterior é Manzini[28]. Para ele, Design é o resultado de três habilidades humanas: senso crítico, ou seja, a habilidade de olhar para o mundo e perceber o que não é, ou deveria não ser, aceitável; criatividade, no sentido de imaginar algo que ainda não existe, futuros possíveis; e senso prático, isto é, a habilidade de reconhecer modos possíveis de fazer as transformações acontecerem. Design pode ser entendido como a capacidade humana de transformar as situações atuais em situações desejáveis.

Apesar de ainda ser uma definição bastante abrangente, ela já nos dá condições de entender um pouco melhor o que é o Design, já que formular uma definição menos abrangente do termo poderia limitar as diferentes estratégias e processos de projetos possíveis no Design. A definição, de certo modo abrangente, reflete também a pluralidade de abordagens, que no fundo é uma das potências do Design[29].

**26.** BUCHANAN, R. 1992
**27.** BASON, C. 2010
**28.** MANZINI, E. 2015
**29.** BUCHANAN, R. 2016

**CENTRADO NO HUMANO** *refere-se a atenção que se dá não somente aos usuários finais, mas também se preocupa e pode cocriar com as outras pessoas do sistema, como os responsáveis por prover um serviço, ou as que estão envolvidas no fornecimento de algum recurso essencial para que a solução final possa funcionar, por exemplo.*

30. BUCHANAN, R. 2016

Outro ponto bastante relevante em relação às metodologias de Design é a importância que se dá às pessoas, sempre colocadas no centro dos serviços e produtos que se criam. As metodologias **CENTRADAS NO HUMANO** têm como preocupação entender como é possível apoiar e fortalecer as pessoas para que elas possam solucionar suas necessidades, possam melhor atuar nas circunstâncias sociais, políticas, econômicas e culturais que as rodeiam no seu dia a dia[30].

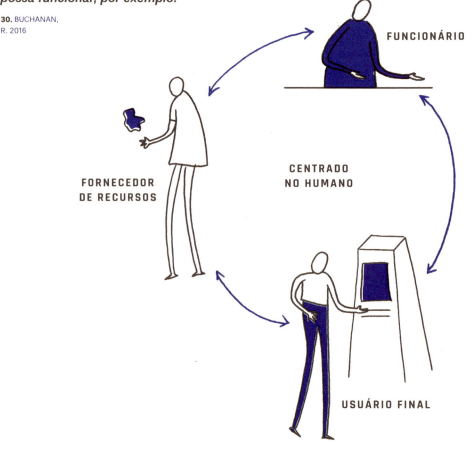

## DESIGN THINKING

O conceito mais difundido atualmente dentro e fora da área do Design foi o *Design Thinking*. Se bem implementado, esse conceito pode ajudar a entender os problemas que queremos solucionar de um modo mais assertivo, auxiliar a tomada de decisões e resolução de problemas. Ele é muito usado hoje em dia quando se busca a inovação ou é preciso lidar com PROBLEMAS CAPCIOSOS (*wicked problems*).

Nessa metodologia, o designer começa com um assunto indeterminado existente nos problemas e questões de uma determinada situação. O trabalho do designer é criar um modo de conduzir essa questão para que ela se torne uma solução específica[29]. Nesse processo, não existem soluções certas ou erra-

---

**PROBLEMAS CAPCIOSOS**

*O uso de capcioso aqui não tem uma conotação negativa, mas deve ser entendido como problemas complexos, que não têm uma única solução possível e são impossíveis de serem solucionados por apenas uma pessoa ou um determinado grupo de especialistas.*

*O termo foi definido por H. Rittel e M. Webber e surge como oposição aos problemas enfrentados pelas ciências exatas. As ciências exatas lidam com problemas que são definíveis que, possuem uma única solução. Além disso, fica evidente quando se solucionou o problema ou não.*

*Já os problemas capciosos são uma classe de problemas sociais, impossíveis de se solucionar; não se tem um conhecimento completo deles devido à sua complexidade; estão interconectados com outros problemas; e há um grande número de pessoas envolvidas na questão – e muitas vezes, têm valores conflituosos.*

*Rittel argumenta que a maioria dos problemas com os quais os designers lidam são problemas capciosos, e os problemas sociais e culturais, assim como outros problemas enfrentados pelo setor público, também são.*

das, existem diversas soluções possíveis, que podem ser mais ou menos adequadas de acordo com o contexto em que elas se encontram, os recursos disponíveis e as intenções do projeto.

O *Design Thinking* é um processo interativo, não-linear e iterativo e, em várias fases dele, pode ser necessário voltar alguns passos. Essa metodologia também auxilia na resolução de problemas capciosos, pois os divide em partes menores, simplificando sistemas complexos em ideias mais simples, sem perder o entendimento do todo e sempre colocando as pessoas no centro dos processos.

Apesar desse processo ser não-linear, criou-se uma estrutura geral para explicar como ele ocorre. Muitos estudos de design, consultorias e estudiosos costumam ter seu próprio esquema de representar essa metodologia, mas, de maneira geral, ela é dividida em duas fases: definição do problema e solução do problema.

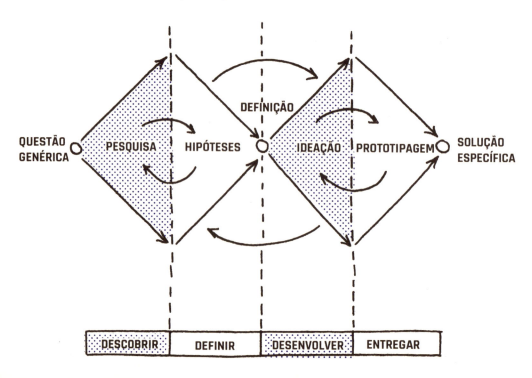

Na primeira fase, entramos em contato com o usuário para entender a sua visão particular da situação, como ele se relaciona nesse contexto e suas dificuldades. Durante todo o processo, é importante estar aberto à cocriação e incluir as diferentes pessoas envolvidas com a questão na maior parte de fases possíveis. Em seguida, analisam-se os aprendizados obtidos em campo para criar síntese e relacionar aprendizados, chegando aos *insights*. Então criam-se parâmetros a que as soluções devem atender e o valor que se deseja gerar.

*Também conhecido como brainstorm, a* **TEMPESTADE DE IDEIAS** *é uma atividade em grupo para gerar o maior número de ideias possível, sem criticá-las. Nesse momento está-se preocupado com a quantidade e não qualidade das ideias.*

A partir dessa etapa, começa a fase de ideação, na qual se faz a **TEMPESTADE DE IDEIAS**, para gerar o maior número de soluções possível, sem que nenhuma ideia seja descartada ou julgada como errada ou absurda. Após esse levantamento, usa-se o senso crítico para selecionar soluções possíveis e testá-las por meio de protótipos. Com esses testes, observa-se o que funciona no protótipo e o que precisa ser refinado para se chegar a uma solução a ser implementada.

Durante todo o processo, é essencial ser visual, tentando sempre expressar as ideias de forma tangível, explicar menos e fazer mais. Isso facilita o entendimento do que está sendo proposto e viabiliza os testes dessas ideias.

Quando se expõe o *Design Thinking* por meio desse esquema, pode-se dar a entender que ele é algo preciso e científico, e, talvez por esse exato motivo, ele tenha se tornado tão atraente para as outras áreas do conhecimento: uma forma mágica de ser criativo e gerar inovação. Porém, como explica Buchanan[31], a teoria só dá para o design uma estrutura essencial para entender e explorar ferramentas e metodologias, mas não se consegue constituir uma ciência do design. O Design está interessado no particular e não é possível criar uma ciência para o particular.

**31.** BUCHANAN, R. 2016

## ÁREAS DE ATUAÇÃO DO DESIGN

**DESIGN ORGANIZACIONAL**

O Design surge, inicialmente, para pensar e resolver projetos de produto – sua criação, confecção, reprodutibilidade, transporte – expandindo-se então para pensar serviços e processos.

Percebe-se na atividade do Design que as próprias organizações podem se beneficiar dessa metodologia. O Design começa, então, a se interessar por problemas organizacionais, atingindo o tema desse tópico: o Design como atividade de se pensar a gestão das organizações e da sua relação com os fatores externos a ela[33].

Se trouxermos a ideia do Design, já trabalhada: uma metodologia para lidar com sistemas complexos, separando-os em partes menores, sem perder o entendimento do todo e centrado no humano, fica evidente que o próximo passo da expansão do Design seria direcionado à área de gestão. Afinal, é a gestão que mantém unida e coesa as ações humanas nas organizações[32].

**DESIGN DE SERVIÇOS**

Serviços são parte da vida humana há séculos e, para que eles existissem, alguém teve que criá-los. Independente de formarem uma prática profissional ou um campo acadêmico, os serviços foram e continuarão sendo desenhados[32]. Então, o que o Design de serviço traz de novo?

Assim, da mesma forma como definir design, achar uma definição para Design de serviço é uma tarefa difícil. Cada pessoa tem uma visão diferente do que esse termo quer dizer e é praticamente impossível chegar a uma definição fechada, pois, assim como no caso do design, se especificarmos demais, acabaremos limitando seu potencial de uso.

Ao mesmo tempo, é preciso ter algum tipo de definição para que se possa construir pelo menos uma base comum de discussão sobre essa área.

**32.** MIETTINEN, S; VALTONEN, A. (ED.) 2013
**33.** BUCHANAN, R. 2016

De forma geral, o Design de serviço é uma abordagem interdisciplinar que combina métodos e ferramentas de outras áreas do conhecimento[34]. Ela é centrado no humano e utiliza-se de cocriação. Há um envolvimento mais intenso das pessoas que usam e que são provedoras dos serviços, tanto durante a fase de pesquisa e ideação, quanto da prototipagem e implementação. Isso cria um novo equilíbrio entre as pessoas e os processos.

Com essa visão, a metodologia de *Design Thinking* é traduzida para o meio das organizações, ou seja, ela passa a auxiliar na criação e implementação de cenários alternativos, visões e estratégias para a própria organização[35].

Diferentemente dos serviços criados no passado, por meio do Design de serviços, começamos a prestar mais atenção em como eles estão sendo desenhados, como são implementados e como o seu projeto contribui para a sociedade que queremos criar[32].

Muitas delas enfrentam problemas de comunicação entre as suas partes internas, com os seus usuários e stakeholders, e têm dificuldades em oferecer serviços adequados e experiências agradáveis para o usuário final. Nesses momentos, utilizar-se das metodologias de Design para mudar esse cenário pode ser muito vantajoso.

O Design de serviço desmonta sistemas complexos em partes menores, mas sem perder a visão mais ampla do contexto dentro do qual se está projetando. Por

Implementar o Design organizacional também é importante, pois, para introduzir o Design para prover serviços, por exemplo, é necessária também uma mudança de pensamento sobre como a organização em si deve estar estruturada e como deve se relacionar com a sua rede.

**34.** STICKDORN, M.; SCHNEIDER, J. (ORG).2014
**35.** JUNGINGER, S. 2009

Há alguns modos como o Design pode atuar nas organizações[36]:

1. **RECURSO EXTERNO**: a organização contrata um time de designers externos para um projeto específico;

2. **PARTE DA ORGANIZAÇÃO**: a organização tem um time interno de designers, mas eles ficam isolados do resto da organização e fechados em seu setor;

3. **CENTRO DAS ORGANIZAÇÕES**: o Design tem acesso direto aos líderes da organização e às estratégias. Nessa posição central, o Design pode unificar produtos e serviços e questionar a missão da organização, assim como sua estrutura.

4. **INTEGRAL À ORGANIZAÇÃO**: a organização passa de um ambiente, no qual o Design tem que lutar pelo seu lugar, para um, no qual constantemente a organização é questionada, reformulada por questionamentos do Design.

meio dessa abordagem, o serviço é visto como ações interligadas, que juntas formam um todo.

O Design de serviço funciona de maneira muito semelhante ao *Design Thinking*, tanto que esta é uma das metodologias utilizadas. O trabalho do designer de serviço começa quando existe um serviço que não está atendendo às necessidades dos seus usuários. Dá-se então o processo de *Design Thinking*. O designer de serviço entra em contato com os usuários e provedores desse serviço para entender para quem ele está projetando e fazer pesquisas sobre o contexto dentro do qual se está trabalhando. Assim, chega-se a uma definição do problema. Após essa fase, começa-se a gerar ideias e se escolhe algumas para prototipar e testar, até se conseguir chegar a uma solução adequada. É importante que os usuários e os *stakeholders* estejam envolvidos em diferentes etapas desse processo também.

**36.** JUNGINGER, S. 2009

Essa abordagem oferece um novo modo de engajar os cidadãos, empresas, órgãos públicos e outros *stakeholders* e de conectar e de articular os recursos necessários para se implementar o serviço desejado.

Por ser centrado no humano, o design de serviço também possibilita que se criem serviços que realmente atendam às necessidades das pessoas, que sejam fáceis de usar, eficientes e que ofereçam uma experiência agradável .

Os dois primeiros modos de atuação do Design são os mais fáceis de se encontrar no setor público e há vantagens nesses dois modos. Contudo, eu considero que o último nível seja o que o setor público esteja mais precisando no momento. Ao atingir esse nível nas organizações públicas, será possível que o Design não seja usado somente para a criação de peças gráficas ou campanhas.

Muitas vezes, contudo, o Design de serviço só é utilizado ou na fase de conceituação do projeto ou na implementação da solução. Ainda é comum pensar essa profissão como útil somente em uma parte do processo, desconectado do todo, sendo inserida em apenas um curto momento do processo. É preciso reverter essa mentalidade e pensar o Design de serviços como uma parte integral do processo, envolvê-lo em todas as etapas do processo.

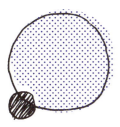
**RECURSO EXTERNO**

**PARTE DA ORGANIZAÇÃO**

**CENTRO DAS ORGANIZAÇÕES**

**INTEGRAL À ORGANIZAÇÃO**

# DESIGN NO SETOR PÚBLICO

Até então, vimos cada elemento separadamente, em sua caixinha. À primeira vista, isso pode parecer estranho – não estamos falando constantemente que essas barreiras são fluidas e que trabalhamos em rede? Porém, podemos pensar nessa estratégia como a metodologia do Design Thinking. Temos um sistema muito complexo, quando falamos de Design e do setor público, sendo que, para entender como esse sistema funciona, torna-se necessário dividir esse sistema em partes menores e entender como cada uma funciona. Contudo, é importante não perder a ideia do todo, por isso agora iremos ver como essas partes funcionam em conjunto.

Desde o surgimento do Design como área de conhecimento, a maioria dos designers trabalhou no setor privado e tendeu a se manter distante do setor público, não se envolvendo na administração pública, nem nas decisões políticas. Aos poucos, essa posição tem mudado – cada vez mais designers têm se voltado para o setor público. Contudo, esse movimento é ainda muito novo e embrionário.

Como já vimos, os desafios políticos e econômicos que os governos enfrentam atualmente não podem mais ser resolvidos pelas abordagens políticas tradicionais. A complexidade das questões, assim como a diversidade de pessoas a que a solução deve atender, implica na utilização de uma abordagem mais holística e sistêmica.

Paralelamente, o Design sempre foi entendido como uma profissão para produzir bens de consumo e, quando relacionado ao setor público, costumava ser utilizado para promover ações do governo, por meio de marketing político ou campanhas.

**Essa posição do Design se deu pela banalização que o termo sofreu, tanto no entendimento dos servidores públicos, quanto no dos designers. Isso gerou um entendimento simplista e até equivocado do Design e do seu verdadeiro potencial de contribuição para a solução de problemas públicos[37].**

Contudo, o Design expandiu sua área de atuação e muitos métodos em uso para gerar inovação social ao redor do mundo utilizam atualmente algum elemento do Design[38]. O próximo passo, então, é entender o Design como uma ferramenta para auxiliar na inovação e na modificação do modo como se governa, assim como nos resultados gerados por essas governanças. Tal metodologia não pretende substituir os servidores públicos por designers, mas dar suporte para a ação desses servidores e levar designers para trabalharem em conjunto com eles.

O Design no setor público tem como objetivo redefinir as relações entre os cidadãos e o seu governo, ou seja, colocar o

**37.** PATROCINIO, G.; NUNES, J.M. 2015
**38.** MULGAN, G. 2014

humano no centro das soluções dos problemas, devolvendo o equilíbrio entre as pessoas, os processos e as legislações.

Essa metodologia também pretende aumentar a produtividade e a eficácia no processo de criar políticas públicas e prover serviços[38]; além de ajudar em uma mudança de perspectiva; propor um novo modo de olhar e lidar com problemas públicos.

Em um nível organizacional, o Design pretende ajudar as diferentes partes da organização pública a trabalhar em conjunto, possibilitando a cocriação e uma maior participação dos cidadãos.

Inserir essa metodologia no setor público exigirá uma mudança no papel dos servidores públicos – sejam eles administradores, governantes ou prestadores de serviço – , assim como um outro posicionamento dos designers. A seguir, discutiremos como esses dois profissionais irão modificar seu modo de trabalhar. Os servidores públicos fazem Design constantemente. Serviços são desenvolvidos e entregues; políticas públicas são criadas e implementadas. Contudo, eles não se veem como designers e, assim como eles, nós como sociedade sabemos muito pouco como projetar nessa área que impacta a vida de milhares de pessoas[39].

**38.** SERVICE DESIGN NETWORK, 2016
**39.** JUNGINGER, S. 2017

## MUDANÇA DE PAPEIS

**DESIGNERS**

Antes de começar este tópico, é importante ressaltar que os designers não são uma fonte mágica de inovação e nem os salvadores do setor público. Como afirma Rafael Cardoso: não é responsabilidade dos designers salvar o mundo, os problemas complexos que enfrentamos hoje demandam que as soluções sejam pensadas coletivamente[42].

Se, por um lado, existem os designers que acham que sozinhos vão salvar o mundo, por outro, há aqueles que têm uma visão muito restrita do seu papel. Para os designers do segundo tipo, o papel do designer se limita a perguntar a opinião e desejos dos membros da rede, escrever as respostas em *post-its* e sintetizá-las, seguindo um processo mais ou menos formalizado[43]. Contudo, a contribuição dos designers deveria ser muito mais que isso – é preciso encontrar um meio termo entre essas duas visões.

**SERVIDORES PÚBLICOS**

Como bem definiu Junginger[41], o Design no setor público interessa igualmente aos cidadãos, servidores públicos, administradores públicos e legisladores. Esses diferentes grupos interagem com o produto do processo do Design em diferentes momentos e por motivos diversos, porém, um produto bem-sucedido em cumprir seu propósito impacta positivamente a vida de todos. Ele permite que os servidores públicos façam seu trabalho; os legisladores alcancem os objetivos das políticas públicas; e as pessoas consigam exercer seu papel como cidadãs. Contudo, nós não temos a noção holística desse sistema e, muitas vezes, perdemos a noção de como os elementos estão conectados.

É possível fazer um paralelo entre as atividades do setor público e a metodologia do *Design Thinking*. Os servidores públi-

**41.** JUNGINGER, S. 2017
**42.** CARDOSO, R. 2016
**43.** SERVICE DESIGN NETWORK 2016

Os designers e os funcionários públicos deveriam ter o mesmo peso dentro da rede do setor público. Os designers ofereceriam suas habilidades para ajudar a lidar com as questões do setor público por meio de soluções inovadoras, e o setor público ofereceria aos designers a cos partem de uma questão genérica; estudam os problemas públicos (**pesquisa**); formulam as possíveis razões para a existência daquela questão (**hipótese**); geram alternativas de soluções e futuros possíveis (**ideação**); e transformam essas soluções em conceitos e protótipos tangíveis (**prototipagem**), que serão testados e reavaliados, até se chegar a uma solução específica.

As metodologias de Design podem dar uma nova energia para os servidores públicos, auxiliando-os a ouvir as experiências dos cidadãos, a fazer protótipos com rapidez, a aprender fazendo e a usar visualizações para expressar ideias[44].

Analisando o trabalho dos servidores públicos pela ótica do Design, os encoraja-

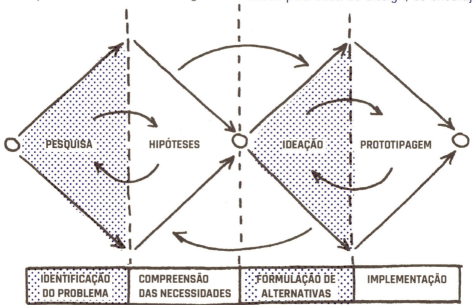

oportunidade de trabalhar em projetos que contribuem diretamente para a sociedade[45], disponibilizando seus conhecimentos e experiências na gestão do sistema público. Sendo assim, essas duas áreas evoluiriam em conjunto, com cada uma das partes adicionando seus conhecimentos e habilidades específicas para causar impactos positivos na sociedade.

Após essas ressalvas, podemos começar a tentar entender qual seria, então, o papel do designer nessa rede. Os designers são profissionais equipados com ferramentas conceituais e operacionais para dar suporte ao processo de Design[45], do qual tanto designers quanto não-designers fazem parte.

Os designers deveriam entender o sistema a partir de diferentes perspectivas; reformular o problema, quando necessário; expandir o sistema; conectar pessoas e recursos; fazer o processo de ideação com os cidadãos, funcionários públicos e

mos a pensarem como designers, assim como encorajamos os designers a pensarem mais como servidores públicos. Nesse contexto, lidando com o serviço público pela perspectiva do centrado no humano, queremos não só empoderar os cidadãos a participarem mais nos processos públicos, mas também empoderar as agências públicas e os servidores públicos a recuperarem a visão de que eles também são participantes ativos da geração de valor público, e não simplesmente máquinas que seguem as ordenações dos processos e legislações.

Com o auxílio do Design, os servidores públicos tornam-se parte de uma rede maior – composta por eles, os cidadãos e outros *stakeholders* – com a qual eles cooperam, para qual dão suporte, mas não podem controlar[44].

Os serviços são o ponto de contato mais presente no dia a dia entre o governo e

**44.** IDEO; DESIGN FOR EUROPE; NESTA 2012
**45.** MANZINI, E. 2015

*stakeholders*; e, então, desenvolver protótipos que possam ser testados e refinados. Somos capacitadores de mudanças de mentalidade, de modo de definir e lidar com problemas, mas sempre trabalhando em conjunto.

Já o *Design Thinking*, por sua natureza centrado no humano, faz com que os cidadãos e os servidores públicos recuperem o controle do setor público. Isso é importante, pois vivemos em um momento em que sentimos que estamos sendo engolidos pelos processos, em vez de nos ocuparmos com a sua articulação[46].

Essa abordagem oferece um novo modo de engajar os cidadãos, servidores públicos e *stakeholders*, como também pode ajudar a repensar o processo de criação de políticas públicas.

Como articulador de rede, o Designer ajuda a identificar possíveis parceiros, catalisar a energia das diversas pessoas seus cidadãos e, por isso, eles têm um papel fundamental em moldar essa relação8. Quando ficamos frustrados com o transporte público, por exemplo, nosso descontentamento se estende para além do serviço. No final das contas, ficamos frustrados com o próprio governo por não prover um serviço de qualidade.

Além disso, os serviços são um meio de implantar políticas públicas e, como já vimos, um designer tem um papel muito importante em criar e implementar serviços. Contudo, o processo de Design no ciclo de políticas públicas deveria começar muito antes da fase de implementação do serviço. O trabalho do designer deveria começar quando o problema público está ainda sendo identificado. Nós precisamos entender que políticas públicas são resultados de um processo de Design e, como tal, criar políticas e implementá-las é, em essência, também uma atividade do Design[45].

**45.** JUNGINGER, S. 2017
**46.** IDEO; DESIGN FOR EUROPE; NESTA 2012

envolvidas no processo de Design, gerar uma visão em comum e, se obtiver sucesso, fazer as ações da rede convergirem para a mesma direção[48].

Utilizar o Design no setor público pode resultar em novos serviços e políticas públicas, em redução de custos, ao mesmo tempo que diminui as frustrações, confusões e o ceticismo na utilização dos serviços, tanto para o governo quanto para os cidadãos[49].

O designer talvez não esteja sempre envolvido em um determinado projeto, por isso é importante que se deixe na organização, não só o desenho do novo serviço ou política pública, mas também a mentalidade, as ferramentas, habilidades e capacidades organizacionais para que se continue inovando, já que a inovação é um processo constante.

É importante que os trabalhadores entendam os conceitos do serviço e suas motivações para que o serviço seja realmente implementado. Eles precisam entender com clareza sua função dentro do novo sistema e se sentir parte da solução, e não forçados a ela.

**48.** MANZINI, E. 2015
**49.** JUNGINGER, S. 2017

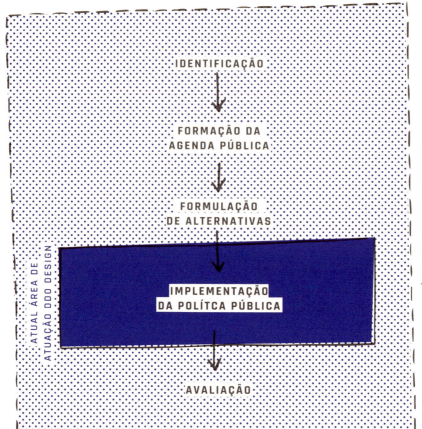

Modelo baseado no
diagrama do livro
*Transforming Public
Service by Design*

## LABORATÓRIOS DE INOVAÇÃO EM GOVERNO

Durante a maior parte deste livro, trabalhamos com conceitos muito teóricos, mas agora, com os laboratórios de inovação em governo, vamos poder observar como na prática realmente funciona a integração do setor público com o Design.

A proposta de um novo papel do governo e dos funcionários públicos exige que uma mudança sistêmica aconteça, uma mudança que talvez, num primeiro momento, não possa ser alcançada nas condições normais do dia a dia do setor público[50]. É uma mudança muito grande essa que estamos propondo e talvez seja necessário que ela seja ensaiada primeiro em contextos menores, para que depois possa ser parte integral das organizações públicas.

Mundialmente, o movimento de utilizar as metodologias de Design para atuar na transformação do setor público tem sido liderado por laboratórios de inovação em governo, como o *MindLab*, na Dinamarca; o *La27eRegion*, na França; o *Laboratorio de Gobierno*, no Chile; *Laboratorio para La Ciudad*, no México, entre outros.

Os laboratórios de inovação em governo surgem como espaços para explorar como as metodologias de Design podem ajudar a lidar com os problemas capciosos, enfrentados pelo setor público, e colocar em prática as soluções encontradas.

No livro *Public and Collaborative*[50], apontam-se três diretrizes principais que guiam o trabalho dos laboratórios:

    **1.** Os desafios econômicos e sociais da atualidade resultaram em uma crise da capacidade das organizações públicas de prover serviços públicos eficientes;

    **2.** Inovações sociais e o fato de as pessoas estarem se tornando mais ativas, trabalhando mais em colaboração, podem estar entre os mais promissores impulsionadores de mudança nos serviços públicos;

[50]. MANZINI, E.; STASZOWSKI,E. (ed.) 2013

**3.** Inovações e práticas lideradas pelo Design, como cogovernança, coDesign e coprodução – nas quais os cidadãos, especialistas e governos trabalham juntos para prover melhores serviços públicos – apresentam um potencial de gerar mudanças no setor público, mas o papel que os designers terão nesse contexto ainda está aberto para experimentações.

Esses laboratórios podem ser muito diferentes nas suas formas estruturais; nos seus objetivos; em relação aos órgãos aos quais eles estão ligados; e nas atividades que eles se propõem a fazer. Porém, todos têm em comum o fato de contarem com designers no seu time e procurarem introduzir ideias e conceitos do *Design Thinking* e das práticas do Design no trabalho do governo[51].

No Brasil, também temos um movimento inicial nesse sentido. Temos como representantes desse movimento em São Paulo a Tellus, uma empresa privada; e o 011.Lab, um laboratório da prefeitura; e em Brasília o Gnova, uma iniciativa do governo em parceria com a Escola Nacional de Administração Pública (Enap). A seguir, abordarei esses laboratórios nacionais e, com isso, espero que se possa entender os diferentes modelos possíveis de estruturação desses locais e a potencialidade desse movimento.

**51.** JUNGINGER, S. 2017

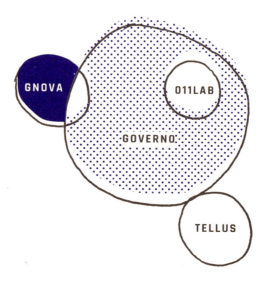

## 011LAB

| | |
|---|---|
| **FUNDAÇÃO** | 2017, São Paulo |
| **O QUE É** | É um espaço da prefeitura de São Paulo para pensar, criar e experimentar no setor público. |
| **OBJETIVOS** | Surge para ser um espaço dentro do governo que reúna propostas, pessoas e projetos para coconstruir soluções inovadoras, melhores serviços públicos, mais transparência e participação. Objetiva juntar pessoas de dentro e fora da administração municipal para cocriar soluções inovadoras, impactando na gestão e melhorando serviços. |
| **AÇÕES** | Testar novas formas de trabalhar e inovar em seus processos de desenho de políticas públicas. Plataforma de colaboração conectando servidores públicos do município com o ecossistema de inovação da cidade de São Paulo. |
| **MÉTODOS** | Conhecer » construir » compartilhar.<br>*Design sprint*, etnografia aplicada, jornada do usuário, pesquisa documental, entrevista de empatia, oficina de prototipação, oficina de ideação, aprender fazendo. |
| **TIME** | Profissionais da área de Gestão Pública, Ciência Política, Relações Internacionais, Direito, Design, Antropologia, Arquitetura e Urbanismo. |
| **STAKE-HOLDERS** | Iniciativa da Coordenadoria da Plataforma de Inovação (CPIN) e da Coordenadoria de Projetos de Inovação Pública (CPIP) da Secretaria Municipal de Inovação e Tecnologia (SMIT).<br>Com o setor privado, governo, cidadãos, academia, laboratórios de inovação, organizações internacionais. |

## GNOVA

**FUNDAÇÃO**  17 de agosto de 2016, Brasília

**O QUE É**  Laboratório de inovação voltado para o desenvolvimento de soluções criativas para problemas públicos.

**OBJETIVOS**  Incentivar a criatividade e a imersão de servidores e colaboradores no desenho de projetos. No espaço da Enap, serão oferecidos oficinas, além de grupos de trabalho.

**AÇÕES**  Os projetos geram capacidade inovadora nas equipes dos órgãos parceiros que participam e aprendem fazendo ao longo do processo.
Previstas ações de estudos e pesquisas sobre restrições a inovação; avaliação; programas de capacitação para servidores em metodologias de inovação; e a constituição de uma base de apoio à implementação de governo digital.

**MÉTODOS**  Metodologia de *Design Thinking* centrada em práticas colaborativas e na experimentação.
Imersão nos problemas, ideação, prototipagem e teste de soluções.

**TIME**  Equipe própria e colaboradores prontos a serem mobilizados.

**STAKE-HOLDERS**  Inaugurado pelo Governo Federal. Iniciativa do Ministério do Planejamento, Desenvolvimento e Gestão (MP) em parceria com a Escola Nacional de Administração Pública (Enap).
Parceiros: Inovagov e MindLab (Dinamarca).

## SISTEMA DE MARCAÇÃO DE CONSULTA

Em dezembro de 2016, o Ministério da Saúde junto com o Ministério do Planejamento e a Casa Civil procuraram a GNova para colher insumos para a definição de requisitos para um aplicativos que eles estavam desenvolvendo para marcar consultas para o Sistema Único de Saúde (SUS). O objetivo era buscar *insights*, que os gestores em Brasília não haviam pensado, através dos comentários e da vivência das pessoas que diariamente usam esse atendimento.

Para isso, a Gnova visitou quatro municípios (Goiânia, Inhumas, Mogi das Cruzes e Rio de Janeiro), que já tinham desenvolvido um aplicativo por conta própria para a marcação de consultas, ou já possuía algum tipo de sistema online para isso.

Usando da metodologia de pesquisa etnográfica e entrevistas semiestruturadas, eles entrevistaram gestores municipais de Atenção Básica e gerente das Unidades Básicas de Saúde (UBS), recepcionistas, médicos e usuários do SUS.

O interessante desse tipo de pesquisa, de acordo com os funcionários da Gnova, é ver como as pessoas que lidam com o aplicativo ou as marcações por telefone, tanto usuários, como funcionários realmente lidam com o sistema, e como é importante não só prestar atenção em como as pessoas falam que lidam com o sistema, mas também observar como elas de fato o utilizam.

O projeto contribui para trazer um novo olhar para a solução que estava sendo desenvolvida e levantar parâmetros para ela ser construída. Além disso, gera um conhecimento nos funcionários públicos que poderá ser levado para outros projetos de que eles participarão e também para outras fases do projeto.

## TELLUS

**FUNDAÇÃO**     01 de janeiro de 2011, São Paulo

**O QUE É**     Primeira organização de inovação e Design de serviços públicos no Brasil. É uma organização da Sociedade Civil de Interesse Público e se divide em três frentes: agência (consultoria), escola (capacitação) e instituto (inspiração).

**OBJETIVOS**     Existe para melhorar a qualidade dos serviços públicos, quer criar solos férteis no governo, para que a inovação brote. Além de informar e inspirar gestores e servidores em inovação e design de serviços públicos centrados no usuário e promover inovação em serviços públicos.

**AÇÕES**
_ auxilia o Governo e organizações provedoras de serviços públicos a encontrar e priorizar oportunidades de melhorias dos serviços para então desenvolver com cidadão e servidores serviços públicos de alta qualidade;
_ cursos abertos e cursos incompany customizados para secretarias, ministérios, prefeituras e outros órgãos de gestão pública;
_ busca desenvolver pesquisas, eventos e diversas iniciativas para inspirar gestores públicos e sociedade civil a inovar.

**MÉTODOS**     Service design sprint, design thinking, UX, teoria U, business model canvas, diagrama espinha de peixe, Kaizen, PMO e metodologia própria.

**TIME**     Equipe multidisciplinar que possui competências e habilidades como design, gestão pública, pedagogia, psicologia, arquitetura, tecnologia e diferentes outras áreas de formação e experiência.

**STAKEHOLDERS**     Cidadão e servidores, secretarias, ministérios, prefeituras e outros órgãos de gestão pública.

## REDE BEM CUIDAR

CASO DE ESTUDO

A UBS de Bom Jesus (Pelotas,RS) estava com problema com longas filas de espera, infraestrutura inadequada. O instituto Tellus se juntou com a Prefeitura de Pelotas, Comunitas e Juntos pelo desenvolvimento sustentável para cocriar um conceito inovador em atenção primária à saúde.

Utilizando da metodologia Tellus, o instituto ofereceu apoio técnico para a construção de um espaço de diálogo e cocriação entre gestores públicos, trabalhadores, conselho municipal de saúde e os cidadãos para juntos aprimorarem o atendimento do posto de saúde.

Criar com as pessoas e não para as pessoas fez com que as pessoas envovidas se sentissem parte do projeto e deixando um legado para a cidade.

Foi feita uma unidade piloto (Bom Jesus) com transformações tanto estruturais como de serviço. Nesse início houve uma imersão para entender as principais demandas dos locais, como é o comportamento das pessoas que frequentam e trabalham ali, as principais atividades e serviços que eram oferecidos.

A partir dessa observação se fez um diagnóstico inicial, conceituou-se o projeto, e, ao mesmo tempo que se ia criando, ia implementando e observando o que precisava ser refinado.

Devido ao sucesso da unidade piloto, a Tellus ajudou na implementação da segunda unidade, e os moradores de Pelotas depois, com o conhecimento adquirido, implementaram sozinhos terceira unidade e estão agora trabalhando para implementar a quarta.

**52.** SERVICE
DESING NETWORK
2016

De acordo com alguns especialistas, o maior impacto dos laboratórios de inovação em governo é o desenvolvimento de uma nova linguagem no modo de fazer política e no despertar da consciência dos métodos e ferramentas do Design. Com o crescimento desse movimento, ouve-se falar mais do engajamento de cidadãos, experiência do usuário e prototipagem para o setor público[52].

# CONCLUSÃO

Com este livro quis tornar acessível alguns conhecimentos que adquiri durante meus estudos sobre como o Design e o setor público podem colaborar um com o outro para melhorar a sociedade em que vivemos. Acredito ser importante a criação de uma linguagem comum; uma conversa na qual todos os participantes tenham a mesma definição para os termos; além da tradução para o português de termos em outras línguas para que possamos nos comunicar. Se não temos como dizer certos termos em português, como podemos compreendê-los e nos apropriar deles?

Aqui surge um movimento que visa disseminar o conhecimento sobre o Design e seu valor para o setor público. Espero que haja outros desdobramentos a partir da base linguística e conceitual deste livro. Espero que sejam impulsionados debates, estudos e pesquisas sobre como o Design pode auxiliar o setor público a se renovar, tanto nos serviços que ele provê como no próprio modo como a instituição se organiza; a retomar o contato com os cidadãos; e a trazer outros agentes para cocriar.

Gostaria também de ressaltar a importância de os designers pararem de falar só para designers. Dificilmente conseguimos nos comunicar com os outros setores. O setor público não entende do que estamos falando e nós não sabemos nos comunicar na linguagem deles. Aqui estamos tentando tornar um pouco menos nebulosa essa comunicação, mas ainda existe um longo caminho a ser percorrido.

Temos também muito o que aprender com os modelos e pensamentos de outros países, mas temos que nos apropriar desse conteúdo, entender os aspectos que podem ser vantajosos para o nosso contexto, e criar novos modelos quando necessário.

As faculdades de Design têm um papel fundamental no movimento de difusão desse conhecimento. Elas são locais, em que novas visões e novas ferramentas são geradas e locais que podem dar suporte a projetos e são também um ambiente seguro para testar teorias. Elas precisam, então, entrar também no debate e disseminar esse conhecimento.

O setor público, por sua vez, precisa mudar o seu enfoque. No momento atual é preciso que ele pare de tentar ser cada vez mais eficiente nos processos que ele já faz e reforçar as estruturas existentes. Em vez disso, o setor público deveria dar espaço para a inovação e para outras metodologias.

O momento de crise pode ser paralisante, temos medo de perder os avanços que conquistamos, e isso gera uma vontade de proteger as estruturas que, em algum momento, nos apoiaram e funcionaram. Contudo, devemos aproveitar esse momento para ouvir novas propostas e abrir espaços para novas iniciativas.

Mas que essa mudança não seja apenas um movimento de mudança só para mudar. Que esse movimento esteja acompanhado de uma metodologia, uma diretriz que possa auxiliar essas transformações a atenderem os nossos objetivos como sociedade. Nesse ponto, acredito que o Design pode auxiliar com a metodologia e no processo de cocriação de novas soluções.

# REFERÊNCIAS

ALIO, L. Design Thinking for Public Service Excellence, Global Centre for Public Service Excellence, 2014. Disponível em: <http://www.undp.org/content/dam/uspc/docs/GPCSE_Design%20Thinking.pdf>. Acesso em: abril de 2018

ANDRADE, Daniel. Políticas Públicas: o que são e para que existem. 2016. Disponível em: <http://www.politize.com.br/politicas-publicas-o-que-sao/>. Acesso em: abril de 2018

BAEKKELIE, M.K., Service design implementations and innovation in the public sector. Proceedings of NordDesign, Trondheim, Norway, Volume 1, 10th – 12th August 2016

BASON, C. Leading Public Design: How Managers Engage with Design to Transform Public Governance. 1a Edição. Copenhagen: Copenhagen Business School, 2017, 380p.

BOURN, J. Modern Policy-Making: Ensuring Policies Deliver Value for Money, National Audit Office, London, 2001 < https://www.nao.org.uk/wp-content/uploads/2001/11/0102289.pdf >. Acesso em: abril de 2018.

BRITISH COUNCIL. What´s the role of design in innovation policy? Londres: The British Council, 2014.

BUCHANAN, R. Mundos em construção: design (projeto), gerenciamento e a reforma da cultura organizacional. Arcos Design. Rio de Janeiro: PPD ESDI – UERJ. 9(2), dez. 2016. Disponível em: <www.e-publicacoes.uerj.br/index.php/arcosdesign>.

_____ Wicked Problems in Design Thinking. Design Issues, 1992, 8(2): p. 5–21.

CARDOSO, R. Design para um mundo complexo. São Paulo: Ubu Editora, 2016. 264p.

CARTENSEN, H. V.; BASON, C. 2012. Powering Collaborative Policy Innovation: Can Innovation Labs Help? The Innovation Journal: The Public Innovation Journal, v.17, 2012.

CHARI, V. What does it mean to be a designer in policy? 2018. Disponível em: <https://openpolicy.blog.gov.uk/2018/04/20/what-does-it-mean-to-be-a-designer-in-policy/> Acesso em: abril de 2018.

CIPOLLA, C.; MOURA, H. Social Innovation un Brazil Through Design Strategy. Design Management Journal, 6 (1), p 40-51, 2012

CLARK, B. Generating publics through design activity. In: GUNN, W.; OTTO, T.; SMITH, R. C. Design Antropology: theory and practice. Londres: Bloomsbury, 2013. p. 338-364.

CROSS, N. Designerly Ways of Knowing. Londres: Springer-Verlag, 2006.

Designing Public Services: a different approach. Palestrante Louise Downe. Filmado e editado por Vladimir Georgiev, Merja Hannikainen, Joseph Murphy. Palestra, 22'49". Disponível em: <https://www.youtube.com/watch?v=xAVARQ-VT8DA>. Acesso em: setembro de 2017.

Designing services for the public. Palestrante Katrin Dribbish e Martin Jordan. Palestra, 27'38". Disponível em: <https://www.youtube.com/watch?v=SNMeSydabhw>. Acesso em: setembro de 2017.

DESIGN FOR EUROPE. Design in the public sector: interactive map Disponível em:<http://publicsector-map.designforeurope.eu/en/> Acesso em: setembro de 2017.

DI RUSSO, S. Understanding the behaviour of design thinking in complex environments. Swineburne University of Technology, 2016.

Don´t start a company, start a movement. Palestrante Arne von Ossterom. Filmado e editado por Vladimir Georgiev, Merja Hannikainen e Joseph Murphy. Palestra, 12'07". Disponível em: <https://www.youtube.com/watch?v=AizAbE0J9aY>. Acesso em: setembro de 2017.

DRIBBISCH, K. Translating Innovation: the adoption of design thinking in singaporean ministry. 15 de maio de 2017. 229 p. Tese (Doutorado em Ciências Políticas) – Potsdam University. Alemanha, 2017.

DRUMMOND, S. Designing movements like a service. The Service Gazette, Berlin, nov. 2016. Disponível em:< https://medium.com/the-service-gazette/designing-movements-like-a-service-84517043574b>. Acesso em: setembro de 2017

EGGERS, W. D. & Singh, S. The Public Innovators Playbook: Nurturing Bold Ideas in Government. Cambridge: Harvard Ash Center for Democratic Governance and Innovation, 2009

EQUILIBRIA , A.; BENNET, K. Solving problems with design thinking: 10 stories of what works. New York: Columbia Business School Publishing, 2013.

GOLDSMITH, S.; W. D. Eggers Governing by Network: The new shape of the public sector. Washington D.C.: Brookings Press, 2004.

HALL, P. IDEO, Making Government More Innovative, Less Bureaucratic. Metropolis, Nova York, jun. 2011 Disponível em:< http://www.metropolismag.com/ideas/ideo-takes-on-the-government/> Acesso em: setembro de 2017.

_____ IDEO takes the government. Metropolis, Nova York, jun. 2011.

How designers help make government better for everyone. Palestrante Kate Ivey Williams e Martin Jordan. Palestra, 52'30". Disponível em: <https://www.youtube.com/watch?v=p-ruwEaJtFY>. Acesso em: setembro de 2017.

HUPPÉ, G.A.; CREECH, H.; KNOBLAUCH, D. The Frontiers of Network Governance. International Institute for Sustainable Development, fev. 2012. Disponível em: <https://www.iisd.org/sites/default/files/publications/frontiers_networked_gov.pdf> Acesso em: abril de 2018.

IDEO; DESIGN FOR EUROPE; NESTA. Designing for public services. Londres, nov. 2016 <http://www.nesta.org.uk/sites/default/files/nesta_ideo_guide_jan2017.pdf> Acesso em: setembro de 2017.

INSTITUTO SABIN. Inovação Social: O que há embaixo deste guarda-chuva? 2018. Disponível em: <http://gife.org.br/inovacao-social-o-que-ha-embaixo-deste-guarda-chuva/> Acesso em: abril de 2018.

JULIER, G; MOOR, L. (ed) Design and Creativity: Policy, Management and Practice. Oxford: Berg, 2009.

JUNGINGER, S. Transforming Public Services By Design. Nova York: Routledge, 2017.

_____ Design in the Organization: Parts and Wholes. Design Research Journal, Lancaster, fev. 2009, 23-29.

Making ourselves redundant: delivering impact by building design capabilities. Palestrante Simone Cartier. Palestra, 28'12". Disponível em: <https://www.youtube.com/watch?v=TUwFBhAt6nA>. Acesso em: setembro de 2017.

MANZINI, E. Design, when everybody designs: An Introduction to Design for Social Innovation. Londres: The MIT Press, 2015. 241p.

MANZINI, E.; STASZOWSKI, E. (ed.) Public and Collaborative: Exploring the intersection of design, social innovation and public policy. EUA: DESIS Network, 2013.

MIETTINEN, S; VALTONEN, A. (ed.) Service Design with Theory: Discussions on Change, Value and Methods. Vanuatu: HandBook, 2013.

MINDLAB. Method Guide. Kopenhagen. Disponível em:<http://metoder.mind-lab.dk/en/method-guide.pdf> Acesso em: setembro de 2017.

MULGAN, G. Design in public and social innovation: what works and what should work better. Londres, jan. 2014. Disponível em: <http://www.nesta.org.uk/sites/default/files/design_in_public_and_social_innovation.pdf> Acesso em: outubro de 2017.

_____. Ready or not? Taking innovation in the public sector seriously. Londres, abr. 2007

MURRAY, R.; CAULIER-GRICE, J.; MULGAN, G. The Open Book of Social Innovation. Londres: Young Foundation, NESTA, mar. 2010, Disponível em: <https://youngfoundation.org/wp-content/uploads/2012/10/The-Open-Book-of-Social-Innovationg.pdf> Acesso em: março 2018.

NESTA and The Young Foundation 'The Open Book of Social Innovation.' London: NESTA, 2010.

NORMANN, R. and RAMIREZ, R. Designing interactive strategy: From value chain to value constellation. Chichester: John Wiley & Sons, 1994.

PATOCINIO, G., The Impact of European Design Policies and their Implications on the Development of a Framework to Support Future Brazilian Design Policies. 391p. Tese de Doutorado – Cranfield university, Cranfield, 2013

PATOCINIO, G.; NUNES, J.M. Design e desenvolvimento: 40 anos depois. São Paulo: Blucher, 2015.

Redefining the citizen experience. Palestrante Dr. Anne Stenros. Palestra, 38'37". Disponível em: <https://www.youtube.com/watch?v=T7PEntGBgkM>. Acesso: em setembro de 2017.

RITTEL, H. W. J.; WEBBER, M. Dilemmas in a General Theory of planning. Policy Sciences, junho 1973, 4(2), página 155

Sanders, E.; Stappers, P. Co-creation and the new landscapes of design, Co-Design, 2008, 4:1, 5-18. Disponível em: <https://www.tandfonline.com/doi/abs/10.1080/15710880701875068> Acesso em: abril ade 2018

SECCHI, L. Políticas Públicas: conceitos, esquemas de análise, casos práticos. SãoPaulo: Cengage Learning, 2011.

Service Design Network, Service Design Impact Report: Public Sector, 2016.

STICKDORN, M.; SCHNEIDER, J. (org). Isto é Design Thinking de Serviços: fundamentos, ferramentas, casos. Porto Alegre: Bookman, 2014.

THONG, M. Being a Multiplier: Why Government Innovators Need to Do Less and Lead More, 2018. Disponível em: <http://medium.com/re-iterate/being-a-multiplier-why--government-innovators-need-to-do-less-and-lead-more--280347f0daf1> Acesso em: abril de 2018

YOUNG, J.; MENDIZABAL, E. Helping researchers become policy entrepreneurs, ODI, Overseas Development Institute, London, UK, set. 2009 Disponível em: <http://www.odi.org.uk/resources/download/1127.pdf> Acesso em: abril de 2018.

## AGRADECIMENTOS

Esse livro foi publicado via campanha de financiamento coletivo articulada pela Rede Novos Designs para Gestão Pública, que começou sua formação durante a campanha, e atualmente conta com mais de 600 participantes.

O financiamento movimentou 315 benfeitores individuais e 12 empresas em 45 cidades de todas as regiões do país. Durante os meses de maio, junho e julho, a rede articulou 8 encontros entre gestores públicos, servidores, designers e cidadãos para discutir o que o livro propõe: outras formas de se pensar o setor público através do design, participação cidadã e colaboração.

**ESPAÇOS DOS ENCONTROS**
Casa T.E.R.R.A.
Centro Carioca de Design
Casa Anitcha
Casa de Estudos Urbanos
Instituto de Tecnologia e Sociedade
Casa Firjan
Espaço Cultural Sylvio Monteiro
Echos Escola de Design Thinking

**PALESTRANTES CONVIDADOS**
Alexandre Barbosa
Antônio Cordeiro
Bernardo Ainbinder
Bia Ferreira
Desirée Queiroz
Gabriele Roza
Lucas Cunha
Paula Camargo
Thales Aquino
Thiago Petra

**FACILITADORES DOS WORKSHOPS**
Fabiana Pinto
Mainah Felipeto
Luana Medeiros
Mariana Nogueira

**APOIO TÉCNICO**
Ana Bustamante
Erik Lobo Hajdu

**BENFEITORES**
Adriana Do Nascimento Aquini
Agatha Montoto
Alcineide de Magalhães Marques
Alex Lopes Pereira
Alexandra Reschke
Alexandre Costa Barbosa
Alexandre de Carvalho
Alexandre Gallao
Alexandre Trzan
Alice Schreiner
Aline Alonso
Ana Claudia Braga Mendonça
Ana Luisa Figueiredo
Ana Luísa Melo
Ana Maria Bueno Machado
Ana Melo Quintslr
Ana Paloma Silva
Ana Paula Barreira Cavalcante
Ana Paula Rocha
Ana Paula Caffeu
Ana Terra
André Luiz da Silva Farias
André Malheiro
André Tamura
André Taveira
Andre Uzum
Andrea Nathaly
Andrea Leoncini Gonçalves
Andrew Huber
Anna Araujo
Anna Tornaghi
Antonio Jose Barbosa Oliveira
Araci Albuquerque de Queiroz
Arnaldo Lyrio
Bambual Editora Ltda. ME
Barbara Abetts
Bárbara Coelho
Bárbara Sobreira Quixadá
Beatriz de Carvalho Penna
Beatriz Castier
Beatriz Delorme
Bernardo Figueiredo de Castro Ainbinder
Beth Roballo
Bia Barbosa
Bia Ferreira
Bianca Martins
Bibiana Serpa
Bruna Elia
Bruna Souza
Bruno Lima
Bruno Martins Rizardi
Bruno Sérgio de Oliveira
Caio Dib
Caio Gambini
Caio Werneck
Camila Jordão
Camille Castro
Carolina Ebel
Carolina Gigliotti
Carolina Herszenhut
Caroline dos Santos Gonzaga
Cátia de Freitas Barbosa

Cayano Cougo
Cecília Ottoni
Cecilia Quental
César Augusto Morais Costa
Clara Ferraz
Clara Goldenstein
Clarissa Biolchini
Claudio Luiz Ribeiro
Cristiane Pereira da Rocha
Cristiane Samches da silva
Cristiane Siggea Benedetto
Cynthia de Lima Santos
Dafne Rozencwaig Souza
Daniel Fortes
Dario Joffily
Debora Albu
Debora Rocha
Denise Filippo
Denise Ranghetti do Pilar
Denise Souza da Silveira
Desiree Queiroz
Dezesseis Produções Culturais
Diana de Vasconcellos
Disraeli Gonçalves Ferreira dos Santos
DNCer Indústria e Comércio Ltda
Dora Costallat Martins Ferreira
Dulce Helena Bello Simas
Echos - Escola de Design Thinking
Eduarda Lazari
Eduardo Felix
Eduardo Magrani
Eduardo O. Castro
Elena Yoshie José Veríssimo
Eliana Della Pasqua
Eliane Damasceno
Elisa Schuler
Elisabete Dias
Emi Tanaka
Erik Lobo Hajdu
Ermio Patrão
Ester Sabino Santos
Esther Angelo
Eugenio Merino
Eva Célem
Everton Avila de Lima
Fabio Augusto Camargo
Fabio Lopez
Fabio Nogueira
Fabro Steibel
Felipe Faillace Salazar
Felipe Fil
Felipe Lipkin
Fernanda Scovino Machado
Filipe Gomes Pinto
Flavia Nizia
Gabriel Duarte
Gabriel Patrocinio
Gabriel Telhado
Gabriela Vaz
Gabriella Carvalho
Gabrielle Astier
Gamy Dias
Gilberto Mendes
Gilson Dias
Giovana Carneiro
Gisele Raulik Murphy
Giulia Travassos
Giulia Wendhausen
Gleise S. O. Teixeira
Glenda Almeida
Gleyde Antonielle
Governancabrasil S/A Tecnologia e

Gestao em Servicos
Guilherme Almeida De Almeida
Guilherme Garcia
Gustavo Carvalhaes Xavier Martins Pontual Machado
Gustavo Prista
Gustavo Sigal Macedo
Hariel Carneiro Zoccoli
Heblisa Mello
Heitor Varvaki Prazeres
Helenice Feijó de Carvalho
Helga Szpiz
Heloisa Fischer
Henrique Almeida Silva Junior
Henrique Herrschaft
Henrique Rocha
Hugo Eduardo Martins Ferreira
Hugo Galindo Soares
Humberto Falcão Martins
Hylton Sarcinelli Luz
Ida Espíndola
Idalina Albuquerque
Isabel Salomon
Isabela Avellar
Isabella Pedreira
Isabella Von Muhlen Brandalise
Isadora Frias
Ivo Reck Neto
Izabel Maria de Oliveira
Jacqueline Costa da Silva
Joana Maciel Cavalcante Real Nunes
João Antunes
João Lucas Gonçalves de Carvalho
João Marcello Macedo Leme
João Maria
João Pedro Cerqueira Oliveira
João Sarmento
João Vitor Léste
Jon Reis
José De Paula Santos
Josi Raquel Echeverria de Souza
Josilda de Araujo Afonso
Joy Till
Julia Cavalcanti
Julia Garcia
Juliana Colli
Juliana Garcia Goncalves
Juliana Helena Silva Santiago
Juliana Paolucci
Juliana Proserpio
Juliane Maria da Silva Ferreira
Kallew Guedes
Karla Gaby
Katiane Passos Bloomfield
Katrina Cortes
Kelly Lissandra Bruch
Laiz Gomes Soares
Larissa Harari
Laura Di Pietro
Laura Dusi
Leonardo Braga
Leonardo Rocha de Almeida
Letícia Cardoso
Letícia Sertã Rezende
Ligia R. R. Pimenta
Lilian Calmon Hirdes
Lilian Freitas
Livia Badiani
Lourdes Helena Schneid
Luana Carvalho
Luana do Rego Barros Medeiros
Luanda Leitão

Luca Romano
Lucas Beco
Lucas Camargo
Lucas Cunha
Lucas Gomes Arantes
Lucas Nonno
Lucas Ribeiro Prado
Lucas Silva da Costa
Lúcia Helena Lemme Weiss
Luisa de Oliveira Dias
Luísa Martins Pessoa
Luiz Lima
Luiz Rocha
Luiza Silveira de Sá
M. Fatima R Amorim
Mairta Maria de Oliveira
Manuela Roitman
Mara Olivia Mineli Gomes
Marcela Richa Ribeiro
Marcela Richa Ribeiro
Marcele Moraze
Marcia Cristina Fixel Oliveira Cunha
Marciléia Ramos
Marcos Cesar da Costa
Marcos de Alvarenga Mudado
Marcos Ferreira de Oliveira Filho
Maria Beatriz Barbosa
Maria Guichard
Maria Helena Salomon
Maria Lucia Celestino
Maria Lúcia Simas
Maria Pia Fahham
Mariame Maleck
Mariana Costard
Mariana Nogueira
Marilena Soares dos Santos
Mateus Pestana
Maurila Miranda
Mauro Pinheiro
Miame Ayres
Monica de Castro Reinach
Monica Ferreira Dias
Mônica Levenhagen Nogueira
Napoleon Goh Mizusawa
Natalia Carcione
Natália Franzon Catarino
Nathanne Siqueira
Nidia Lúcia Coelho Edler
Nikita Llerena
Odair da Rosa
Ogüata - Design | Agile | Innovation
Olivia Lodi Dias
Oscar Nunes
Paula de Oliveira Camargo
Paula Santos
Paulo R M Ferreira
Paulo Sousa Peres
Pedro Biz
Pedro Fontoura
Pedro Henrique Trindade de Souza
Pedro Torres Ferreira da Silva
Pedro Vasconcelos Junqueira Gomlevsky
Projeto Cooperação - Comunidade de Serviço
Rafael Anhaia
Rafael Lemos
Rafael Lopes Pestana da Silva
Rafael Martins de Castro
Rafael Miranda Bressan
Rafael Santos Dantas
Rafael Targino
Rafael Viola

Ramon Chaves
Raquel Cordeiro
Raquel Ponte
Regina Porto
René Carvalho de Castro
Renata Araujo
Renata Del Vecchio Gessullo
Renato Rebelo
Reuben Lago
Ricardo Godot
Rita Afonso
Rita Couto
Roberta Portas
Roberto de Oliveira
Roberto Neumann Mendonça Junior
Rodrigo Marins
Rodrigo Taveira Rocha
Rodrigo Zambon
Rosangela Carvalho de Castro
Rose Laura Lopes
Samia Batista
Sergio Branco
Shaina Carvalho
Silvia Regina Goi
Silvia Steinberg
Suzana Devulsky
Tarcianne Mesquita Vale
Tatiana Levinstein
Thais Limoeiro
Thales L. Aquino
Thalita Barbalho
Thatiana Verônica Rodrigues de Barcellos Fernandes
Thiago Petra
Thiago Rodrigues de Amorim
Vanessa Brulon

Vanessa Nupcias
Vera Bernarder
Vicente De Paulo Nascimento Peixoto
Victor Vicente
Victorya Haslwanter
Vitor Linhares
Wallace Roque de Figueiredo
Wanda Santos Teixeira
WeGov Treinamento para Gestão Pública
Weider Tavares Pereira
Wellington Chokolate
Yla Balthazar Vasconcellos
Yolanda Gonzaga

Este livro foi desenvolvido na disciplina de Projeto Final de Comunicação Visual do Curso de Design de PUC-Rio, em junho de 2018 e publicado pela Bambual Editora em agosto de 2019, a partir do financiamento coletivo realizado na plataforma Benfeitoria.

**TEXTO E EDIÇÃO** Beatriz Ferreira

**ORIENTAÇÃO** Izabel Oliveira

**CO-ORIENTAÇÃO** Clarissa Biolchini

**ORGANIZADORES DA CAMPANHA**
Beatriz Ferreira, Felipe Salazar, Isabel Valle, Jéssica Araujo e Thiago Dias

**COORDENAÇÃO EDITORIAL** Isabel Valle

**REVISÃO DE TEXO** Fátima Santos e Elisabeth Lissovsky

**CAPA E PROJETO GRÁFICO** Beatriz Ferreira

**FONTE** UnB pro e Rajdhani

**PAPEL** Pólen Soft 90g/m²

**IMPRESSÃO** Gráfica Rotaplan

---

F383i

Ferreira, Beatriz, 1993-
    Impulsionando inovação, novos designs para gestão pública / Beatriz Ferreira. Rio de Janeiro: Bambual Editora, 2019.
    72 p.
    Ilu.

    ISBN 978-85-94461-12-4

    1. Design aplicado. 2. Administração pública. I. Título.

                                  CDD  745.4
                                          351